HISTOIRE STATISTIQUE

DE

LA COLONISATION ET DE LA POPULATION

EN ALGÉRIE,

PAR

J.-CH.-M. BOUDIN,

Médecin en chef de l'Hôpital militaire du Roule,
Officier de la Légion d'honneur.

PARIS,

CHEZ J.-B. BAILLIÈRE,

LIBRAIRE DE L'ACADÉMIE IMPÉRIALE DE MÉDECINE,

Rue Hautefeuille, 19.

1853.

HISTOIRE STATISTIQUE

DE

LA COLONISATION ET DE LA POPULATION

EN ALGÉRIE.

PARIS. — Imprimerie de L. MARTINET, rue Mignon, 2.

HISTOIRE STATISTIQUE

DE

LA COLONISATION ET DE LA POPULATION

EN ALGÉRIE,

PAR

J.-CH.-M. BOUDIN,

Médecin en chef de l'Hôpital militaire du Roule,
Officier de la Légion d'honneur.

———————•———————

PARIS,

CHEZ J.-B. BAILLIÈRE,

LIBRAIRE DE L'ACADÉMIE IMPÉRIALE DE MÉDECINE,

Rue Hautefeuille, 19.

1853.

EXTRAIT DES

Annales d'Hygiène publique et de Médecine légale, 1852, tome L. Journal rédigé par MM. Adelon, Andral, Boudin, Brierre de Boismont, Chevallier, Devergie, Gaultier de Claubry, Guérard, Kéraudren, Orfila, Amb. Tardieu, Trébuchet, Villermé; publié depuis 1829, tous les trois mois, par cahiers de 250 pages avec planches. — Prix de l'abonnement par année, 18 francs; *franco* pour les départements, 21 francs.

A Paris, chez J.-B. Baillière, 19, rue Hautefeuille.

HISTOIRE STATISTIQUE

DE

LA COLONISATION ET DE LA POPULATION

EN ALGÉRIE.

Vingt-trois ans se sont écoulés depuis la conquête de l'Algérie. A quels résultats ont abouti les immenses sacrifices de la France? Quels sont aujourd'hui le chiffre et la composition de la population de l'Algérie? La mortalité des Européens, si élevée il y a quelques années, a-t-elle subi une diminution? Existe-t-il des localités favorables à la colonisation, et quelles sont ces localités? Les naissances compensent-elles les décès? Que deviennent, au milieu de l'immigration étrangère, les anciennes populations indigènes? Enfin, quel est l'avenir probable réservé à la race européenne et à ses descendants? Nous avons posé ces graves questions il y a bientôt dix ans, et nous croyons avoir présenté pour leur solution les premiers documents; leur importance et leur signification, souvent signalées par la presse politique et médicale, ont été reconnues même par nos adversaires scientifiques.

Telle est l'autorité des faits bien observés, telle est la puissance de la vérité, que toutes les tentatives entreprises dans le but d'en atténuer l'impression ont échoué jusqu'ici, et qu'à mesure que les documents officiels sur l'Algérie se sont multipliés, ils ont servi à la consolidation des opinions que nous avions formulées.

Pour combattre ces dernières, on a cité des périodes soigneusement écourtées, des lieux habilement circonscrits; on a inventé une *armée de la province d'Alger*, armée imaginaire, mais dont la statistique mortuaire semblait se mieux prêter à l'hypothèse que l'on désirait faire prévaloir. D'autres, à défaut de faits, ont eu recours à la *méthode sentimentale*, invoquant tantôt le *cosmopolitisme* de l'homme (1), tantôt les espérances du *croisement* de l'européen avec la bédouine ou avec la négresse. Nous ne nous arrêterons ni à cette stratégie ni à ces hypothèses, peut-être très savantes, et nous continuerons de leur préférer la *méthode expérimentale*, la seule qui imprime de véritables progrès aux sciences.

Les faits nouveaux que nous allons présenter ont tous une origine officielle; c'est dire que la responsabilité de leur exactitude appartient entièrement à l'administration, qui n'a aucun intérêt à altérer la vérité. Ils sont aussi complets que possible, car ils embrassent, dans le temps et dans l'espace, tout ce que nous avons pu nous procurer, et si l'on y rencontre quelques lacunes, c'est que ces lacunes existent dans

(1) Sans doute l'homme se rencontre sous les latitudes les plus variées, sous l'équateur et près du cercle polaire. Mais, à qui espère-t-on faire croire que l'Esquimau devienne jamais propre à habiter Tombouctou, ou que le nègre puisse coloniser l'Islande? Quant à ce dernier, nous l'avons dit ailleurs, l'éloignement des tropiques le rend fou, à telles enseignes qu'on comptait, il y a quelques années, dans la province du Maine (États-Unis), 1 fou sur 14 nègres. En ce qui concerne le *croisement*, nous en abandonnons volontiers l'essai aux auteurs du projet. La science ne possède encore que très peu de faits sur le croisement des animaux; quant à celui de l'homme, tout est à étudier. Un médecin distingué de la Nouvelle-Orléans, M. Nott, qui a fait une étude spéciale du nègre et du mulâtre, affirme que le mulâtre, produit du croisement de l'Anglais avec la négresse, vit beaucoup moins que celui qui a pour père un Français ou un Espagnol. M. Nott ajoute que les véritables mulâtres, c'est-à-dire ceux qui descendent *directement* du blanc pur sang (*pure white*) et d'une négresse, tendent à s'éteindre lorsqu'ils se marient entre eux, et qu'ils n'échappent à cette extinction que par le croisement avec le blanc ou le nègre. Si M. Nott a raison, le mulâtre serait *mulet indirect*, mulet à la seconde ou troisième génération, tandis que le mulet proprement dit est frappé d'infécondité immédiate. Nous donnons cette proposition sous toute réserve, en appelant sur elle l'examen des voyageurs (Voy. : *Two lectures on the connection between the biblical and physical history of man*, by *J. C. Nott*. New-York, 1849, page 46.)

les sources auxquelles nous avons puisé. D'autre part, les documents qui nous servent de termes de comparaison ont également un cachet officiel , et nous avons eu soin de préciser constamment l'autorité qui leur sert de base.

POPULATION EUROPÉENNE.

Le tableau suivant résume la composition de la population civile européenne de l'Algérie, de 1833 à 1851 inclusivement (1) :

Au 31 décembre.	Français.	Étrangers.	Totaux.
1833. . .	3,483	4,329	7,812
1834. . .	4,349	5,404	9,750
1835. . .	4,888	6,333	11,221
1836. . .	5,485	9,076	14,561
1837. . .	6,592	10,178	16,770
1838. . .	8,034	12,044	20,078
1839. . .	9,526	13,497	23,023
1840. . .	12,032	14,955	26,987
1841. . .	15,947	19,780	35,727
1842. . .	19,056	25,475	44,531
1843. . .	28,163	31,023	59,186
1844. . .	37,701	37,719	75,420
1845. . .	46,339	48,982	95,321
1846. .	48,274	61,126	109,400
1847. . .	53,696	50,197	103,893
1848. . .	63,540	51,561	115,101
1849. . .	53,005	54,602	112,607
1850. . .	62,044	63,704	125,748
1851. . .	66,050	65,233	131,283

Ainsi, au 31 décembre 1851, c'est-à-dire vingt ans après la conquête, l'Algérie comptait 131,283 habitants européens, dont 66,050 Français et 65,233 étrangers. Ce chiffre représente un peu moins de la septième partie de la population de Paris, et juste 100,000 individus en moins que la seule émigration irlandaise de l'année 1851, qui s'est élevée à 231,323 personnes.

La population européenne de 1851 dépasse celle de 1850

(1) Voyez la collection des *Tableaux des établissements français dans l'Algérie*, 10 volumes grand in-4. Paris, 1837 à 1853.

d'environ 5,500 individus, mais cet accroissement ne saurait être attribué qu'à l'arrivée de nouveaux immigrants ; car, ainsi qu'on le verra plus loin, le nombre des décès n'a pas cessé d'excéder celui des naissances.

L'ensemble de la population européenne se trouvait ainsi réparti en 1851 :

Province d'Alger. . . .	57,081 habitants.
Province d'Oran. . . .	16,820
Province de Constantine. .	27,382

Au 31 mars 1852, on comptait :

Population urbaine . . .	85,678 individus.
Population agricole. . .	33,840
Population rurale agricole.	13,494

L'élément étranger se décomposait de la manière suivante au 31 décembre 1851 :

Espagnols	41,750
Italiens	7,555
Maltais	7,307
Allemands	2,854
Suisses	1,645
Divers.	4,122
Total. . . .	65,283

Ainsi, plus de 56,000 étrangers, ou plus des quatre cinquièmes, étaient originaires du midi de l'Europe, circonstance digne d'être notée quand il s'agira d'apprécier la mortalité générale de la population européenne.

Presque tous les Espagnols habitent les provinces d'Alger et d'Oran, plus rapprochées des côtes d'Espagne que la province de Constantine, dans laquelle on n'en compte qu'un petit nombre. Les Italiens habitent surtout la province de Constantine ; puis viennent les Maltais, dont les deux tiers habitent la province de Constantine, et l'autre tiers la province d'Alger. On n'en compte que quelques uns dans la province d'Oran. Les Allemands sont répartis dans chaque province à peu près proportionnellement au chiffre de la population. Les Suisses se sont fixés, savoir: huit douzièmes environ dans la province d'Alger, trois douzièmes dans la province de Constantine, et un douzième seulement dans la province d'Oran. Les Prussiens habitent pour la plupart la province d'Oran, dans laquelle se trouve également le plus grand nombre des Belges et des Hollandais. Les Portugais et les Anglo-Espagnols habitent surtout la province d'Oran. On en trouve cependant un certain nombre à Alger, mais quelques uns seulement dans la province de Constantine. La province d'Oran compte à elle seule autant de Russes que les deux autres provinces. Les Grecs occupent surtout les provinces d'Alger et de Constantine. Les Polonais sont en grande majorité à Alger; on en trouve 82 dans la province de Constantine, et 32 seulement dans celle d'Oran.

POPULATION INDIGÈNE A RÉSIDENCE FIXE DANS LES VILLES.

Au 31 décembre 1851, la population indigène comptait 105,865 habitants, dont :

Musulmans	81,329
Nègres	3,488
Juifs.	21,048

Si l'on compare ce document avec le recensement de 1849, on constate les faits suivants :

1° En ce qui regarde la population musulmane, nous trouvons à la page 114 du dernier volume des *Tableaux officiels*, un aveu ainsi formulé : « *La population musulmane des villes tend à diminuer.* » Cette proposition est pleinement confirmée par l'excédant prononcé des décès sur les naissances, comme on le verra plus loin.

2° Quant aux nègres, leur nombre était, au 31 décembre 1849, de 4,177

En déduisant le chiffre de 1851, de 3,488

On a, pour une période de deux années, une perte de. 689 (1)

(1) « A Constantine, dit un médecin militaire, M. Vital, qui a passé

3° Les juifs étaient, au 31 décembre 1849, au
nombre de. 19,028

Leur nombre, au 31 décembre 1851, était de . 21,048

Il s'ensuit que, dans une période de deux années,
leur accroissement a été de 2,020

TRIBUS INDIGÈNES.

D'après le recensement de 1854, les tribus indigènes comptaient :

	Habitants.	Superficie.
Province d'Alger. . .	756,267	143,000 kil. carrés.
Province d'Oran. . .	466,167	102,000
Province de Constantine.	1,101,855	175,900
	2,323,855	390,900

Cette population se trouve ainsi répartie entre le Tell et le Sahara (1) :

	Tell.	Sahara.
Province d'Alger. . .	583,472	172,795
Province d'Oran. . .	335,422	130,745
Province de Constantine.	924,193	177,228
	1,843,087	480,768

En additionnant les divers éléments, on trouve donc :

Population européenne. . . .	131,283 habitants.
Population indigène des villes. .	105,865
Tribus indigènes.	2,323,855
	2,561,003

seize années en Algérie, *les enfants nés dans le pays de père et de mère
européens sont* IMPITOYABLEMENT MOISSONNÉS. *Les enfants nés de père et de
mères nègres sont* PLUS MALTRAITÉS ENCORE. *On croirait à peine que, depuis
vingt ans, sur une centaine de négrillons qui naissent annuellement,* DEUX
SEULEMENT ONT PU ATTEINDRE L'ADOLESCENCE. » (*Gazette médicale* du 6 novembre 1852, p. 702.)

(1) On évalue la superficie du Tell à 137,900 kilomètres carrés.

SEXE ET AGE.

L'ensemble de la population européenne comptait, au 31 décembre 1851 :

Hommes. . . . 53,351
Femmes. . . . 38,047
Enfants. . . . 39,885

Ainsi, le nombre des femmes européennes se trouvait, lors du dernier recensement, inférieur de 13,000 à celui des hommes. On verra plus loin que, malgré cette infériorité, la proportion des naissances n'en a pas moins surpassé beaucoup celle de la France, circonstance qui semble indiquer que l'infériorité numérique du sexe féminin n'implique pas nécessairement infériorité de la portion fécondable des femmes.

La population indigène comptait, au 31 décembre 1851 :

	Musulmans.			Nègres.			Juifs.			Total général.
	Hom.	Fem.	Enf.	Hom.	Fem.	Enf.	Hom.	Fem.	Enf.	
Province d'Alger.	7,330	5,899	5,829	19	6	8	1,704	1.790	3,767	37.814
— d'Oran. . .	6,618	5,071	4,019	609	530	448	2,758	2,186	3,947	26,186
— de Constantine	14,558	11,670	8,901	857	745	266	2,012	1,555	1,301	41,863
Total des trois provinces. .	28,506	22,340	19,188	1,485	1,281	722	6,474	5,531	9,015	105,865
		81,329			3,488			21,048		

Le recensement de la population de la France, en 1851, a donné :

17,792,869 individus du sexe masculin,
et 17,988,759 individus du sexe féminin.

D'autre part, en examinant la composition par sexe de la population de 15 États de l'Europe, on trouve (1) en moyenne, sur 10,000 habitants :

4,961 individus du sexe masculin.
5,039 individus du sexe féminin.

Contradictoirement à cette loi, qui paraît être celle de l'Eu-

(1) Voyez le mot POPULATION du *Dict. d'économie politique*. Paris, 1853.

rope, il existe en Algérie une prédominance numérique marquée du sexe masculin dans les deux éléments, musulman et juif, de la population indigène, prédominance qui exclut de toute évidence la possibilité de la polygamie sur une large échelle.

MARIAGES.

On a compté dans la population européenne de l'Algérie les nombres ci-après de mariages :

En 1847.	. 1,029 mariages ou	99 sur 10,000 habitants.
1848.	. . 1,052	94
1849.	. 1,097	96
1850.	. 1,382	110
1851.	. 1,392	106

D'après M. Mathieu (*Ann. du bureau des longit. pour* 1853, p. 185), la période de 34 années, de 1817 à 1850, a donné en France, en moyenne, 1 mariage sur 127,63 habitants, soit 78 sur 10,000. La proportion des mariages de la population européenne de l'Algérie excède donc notablement celles de la France. La différence serait plus marquée encore si l'on comparait les mariages au seul nombre des femmes.

NAISSANCES.

On compte en France 29 naissances sur 1,000 habitants (1817 à 1850). En Algérie, on a compté, de 1847 à 1851, les nombres ci-après de naissances sur 1,000 habitants européens :

	Étrangers.	Français.
1847. . .	37,1	45,5
1848. . .	48,3	37,7
1849. . .	40,5	51,5
1850. . .	35,1	47,2
1851. . .	39,7	45,7

Ainsi, le nombre proportionnel des naissances excède de beaucoup celui de la France; il l'excéderait plus encore si la population au 31 décembre de chaque année n'eût été substituée comme base d'appréciation à la population moyenne.

Le nombre des naissances illégitimes, par rapport aux naissances légitimes, a été de :

	Étrangers.	Français.
En 1847.	1 sur 8,12 naiss. légit.	1 sur 4,18 naiss. légit.
1848.	1 7,23	1 3,27
1849.	1 7,80	1 4,94
1850.	1 5,90	1 3,77
1851.	1 7,56	1 4,20

En France, le rapport, pendant la période de 1817 à 1850, a été de 1 naissance illégitime sur 13 naissances légitimes.

En ce qui regarde les sexes, on a compté en Algérie, de 1830 au 1er juillet 1850 :

Parmi les Français, 10,158 naiss. masc. et 9,391 naiss. fém.
Parmi les étrangers, 8,607 naiss. masc. et 8,118 naiss. fém.

En France, on a constaté de 1817 à 1850, en moyenne, 17 naissances masculines sur 16 naissances féminines.

Voici les résultats constatés dans la population musulmane en 1850 et en 1851 :

	Année 1850.		Année 1851.	
	Garçons.	Filles.	Garçons.	Filles.
Alger. . . .	430	361	350	314
Oran. . . .	649	670	419	437
Constantine.	391	382	572	547
Total. . .	1,470	1,413	1,341	1,298

La population juive fournit les résultats suivants :

	Année 1850.		Année 1851.	
	Garçons.	Filles.	Garçons.	Filles.
Alger. . . .	158	155	135	118
Oran. . . .	356	281	387	417
Constantine.	92	86	120	143
Total. . .	606	522	642	678

Ces chiffres ne comportent aucune déduction. Passons à l'examen de la mortalité.

MORTALITÉ.

Population européenne.

Voici, d'après les tableaux officiels, quel aurait été, de

1842 à 1851, le nombre des décès sur 1,000 Européens de la
population civile :

1842.	. . . .	44,28 décès sur 1,000 habitants.
1843.	. . . .	44,20
1844.	. . . .	44,60
1845.	. . . .	45,50
1846.	. . . .	44,72
1847.	. . . .	50
1848.	. . . .	42,5
1849.	. . . .	105,9
1850.	. . . .	54,4
1851.	. . . .	50,8

Ces chiffres expriment le rapport des décès, non à la population moyenne de chaque année, mais à la population au
31 décembre ; or le chiffre de cette dernière excédant plus ou
moins notablement celui de la moyenne, il s'ensuit que les
nombres *officiels* qui précèdent, quoique déjà très élevés, expriment néanmoins une mortalité au-dessous de la réalité.
Ainsi, il serait facile de démontrer que la mortalité de 1851
a dû dépasser 53 décès sur 1,000 habitants, tandis qu'elle est
ici évaluée au-dessous de 51.

Au demeurant, en prenant à la lettre les chiffres officiels, il est facile de voir combien est contraire à la vérité
l'assertion de certaines personnes qui osent encore affirmer,
en opposition avec l'évidence des faits, que la mortalité européenne diminue en Algérie. Non seulement elle a montré une
marche manifestement croissante, non seulement elle a *plus
que décimé* la population en 1849, mais encore elle s'est main-
tenue en 1850 et 1851 dans un chiffre deux fois plus fort que
celui de la mortalité de la population en France pendant
l'année du choléra de 1849 (1).

On pourrait objecter que la mortalité générale, bien que
très considérable, pèse peut-être sur une des provinces, tandis

(1) D'après M. Ch. Dupin, le nombre des décès, en 1849, n'a pas dépassé, en France, 27,7 sur 1,000 habitants.

que l'état sanitaire des deux autres serait satisfaisant. Continuons d'interroger les faits *officiels*. Voici quel a été, de 1847 à 1851, le nombre des décès sur 1,000 habitants européens dans chacune des trois provinces :

	1847.	1848.	1849.	1850.	1851.
Alger. . .	49,7	41,8	67,7	61,4	43,6
Oran. . .	44,6	39,8	100	47,5	70,3
Constantine.	55,9	56,0	150	54,3	38,6

Ainsi, la mortalité, d'après les documents les plus récents, dépasse :

Dans la province d'Alger. . .	43 décès sur 1,000 habitants.
Dans la province d'Oran. . .	70
Dans la province de Constantine.	38

Ce n'est pas tout ; en 1849, la mort a enlevé :

Dans la province d'Alger. . .	plus de 1 Européen sur 15.
Dans la province d'Oran . . .	plus de 1 Européen sur 10.
Dans la province de Constantine.	plus de 1 Européen sur 7.

Allons plus loin encore. Depuis 1845, les tableaux officiels ont publié le chiffre proportionnel des décès de quatorze localités. C'est à l'aide de ces documents que nous avons construit le tableau suivant. Il résume, de 1845 à 1851, à l'exclusion de 1846, le nombre des décès sur 1,000 Européens de la population civile.

MORTALITÉ DANS LES VILLES.

Nombre annuel des décès sur 1,000 Européens civils.

	1845.	1847.	1848.	1849.	1850.	1851.
Alger. . .	36,4	48,7	44,3	54,2	66,4	30,0
Blidah. . .	66,2	76,4	56,7	105,9	73,6	39,0
Tenès. . .	49,6	42,4	46,6	103,3	10,8	36,6
Cherchell. .	60,9	50	43,6	323,6	72,3	67,7
Médéah . .	46,0	30	21,7	36,4	44,0	37,4
Milianah . .	25,6	57,5	69,0	100	68,8	30,0
Boufarik . .	40,4	131	49,3	27,5	28,6	49,2
Oran . . .	41,5	52,4	44,9	107,4	47,4	52,4
Mostaganem.	37,0	25,5	27,5	116,8	45,6	67,4
Tlemcen. .	47,6	47,2	32,9	35,2	46,8	11,9
Constantine .	»	56,0	44,2	61,0	72,3	71,9
Bone. . .	28,2	47,0	46,8	103,8	51,4	37,7
Philippeville.	55,3	82,0	70	100	33,4	38,3
Bougie. . .	30,7	38,3	12,2	30	18,4	18,2
El Arouch. .	141,4	»	»	»	»	»

Ce tableau, dont tous les détails sont officiels, suggère une triste réflexion. En effet, de deux choses l'une : ou les documents sont inexacts, ou bien ils dénotent un mal dont l'intensité atteindrait des proportions fabuleuses. La mort aurait atteint en 1849 plus de :

100 Européens civils sur 1,000 hab. à Millanah et Philippeville.
103   —   à Tenès et à Bone.
105   —   à Blidah.
107   —   à Oran.
116   —   à Mostaganem.

Enfin, à Cherchell la mort aurait frappé plus de 323 habitants sur 1,000. Et de tels faits ne donneraient lieu à aucune réflexion, à aucune explication ! En vérité, une telle opinion est-elle admissible? Ou bien les auteurs de ces documents sont arrivés aux chiffres fabuleux qui précèdent en rapprochant des choses qui n'ont entre elles aucun rapport (1). Dans l'impossibilité où nous sommes de résoudre l'énigme, nous nous abstiendrons de toute réflexion, en attendant sur ce point quelques éclaircissements.

COLONIES AGRICOLES.

Dans un mémoire distribué aux chambres législatives en 1847, voici comment s'exprimait le maréchal Bugeaud (2) :

« Il suffit d'inspecter de près nos villages civils pour se
» convaincre qu'il y a beaucoup de familles qui ne peuvent
» pas ou presque pas travailler. Plusieurs ont perdu leur chef
» unique; il ne leur reste qu'une femme et quatre ou cinq
» enfants... Au Fondouck, il y a déjà une trentaine d'orphe-
» lins de père et de mère, qui ne peuvent vivre que de la
» charité gouvernementale. Dans d'autres villages, on voit
» beaucoup d'hommes devenus veufs. Les Prussiens sont

(1) Aurait-on, par hasard, évalué la mortalité de Cherchell en 1849 (323 décès sur 1,000 habitants), en comparant à la population de cette ville un chiffre de décès comprenant un grand nombre de personnes étrangères à la ville? En vérité, un tel solécisme en matière statistique n'est point admissible.

(2) DE LA COLONISATION EN ALGÉRIE, page 47. Paris, 1847.

» à peine arrivés depuis deux mois, et déjà on compte
» plusieurs hommes qui ont perdu leurs femmes et leurs en-
» fants; un plus grand nombre de familles où il ne reste
» qu'une femme, vieille avant l'heure et décrépite, accompa-
» gnée de quatre ou cinq enfants incapables de travailler.
» Enfin, il y a bon nombre d'autres familles qui ne sont com-
» posées que d'orphelins de père et de mère, hors d'état de
» pourvoir à leur subsistance. Il faudra de toute nécessité
» que l'administration militaire ou civile les prenne sous sa
» tutelle pendant quatre ou cinq ans, et quelquefois davan-
» tage. Ainsi, on fait des dépenses énormes pour des bras
» inutiles à la production comme à la défense du pays. Mes
» colons militaires ne seront assurément pas immortels; mais
» ceux qui *mourront dans la première année* ne laisseront qu'une
» femme et tout au plus un enfant. *C'est bien moins embarras-*
» *sant* qu'une femme déjà vieille... *La femme du colon mili-*
» *taire trouvera immédiatement à se remarier.* »

Dans un autre passage, l'illustre maréchal s'exprime ainsi :
« A Mered ainsi qu'à Mahelma, j'ai associé deux à deux les
» colons pour prévenir l'empêchement du travail et assurer
» des soins aux bestiaux. »

Comment les choses se comportent-elles depuis 1847?
Laissons toujours parler les faits officiels (1).

Au 30 juin 1849, la population française des colonies agricoles de l'Algérie se composait de 13,418 individus répartis
comme il suit :

Hommes.	5,967
Femmes.	4,366
Enfants de 2 à 7 ans.	2,277
Enfants au-dessous de 2 ans.	808
	13,418

(1) Voyez les deux rapports si remarquables de M. Louis Reybaud, du
16 novembre 1849 et du 6 avril 1850. In-4°. Paris, imprimerie nationale.

Cette population s'est accrue, du 30 juin 1849 au 31 décembre 1850, par des arrivées de :

Hommes.	2,297
Femmes.	1,700
Enfants de 2 à 7 ans.	878
Enfants au-dessous de 2 ans.	310
	5,185

Pendant cette même période, il est né :

Garçons	270
Filles.	273
	543

Ces deux éléments d'augmentation, joints à l'effectif initial, donnent un total de 19,146. Sur ce nombre, il restait, au 31 décembre 1851, 10,376 individus, diminution causée :

1° Par le départ de.	5,928	individus.
2° Par la mort de.	2,842	

Les décès se répartissent ainsi :

Hommes.	1,058
Femmes.	759
Enfants de 2 à 7 ans.	530
Enfants au-dessous de 2 ans.	495
	2,842

Ainsi, sur un effectif de 19,146 individus, 5,928 avaient quitté l'Algérie après moins de dix-huit mois; 2,842 avaient succombé, ce qui représente une mortalité annuelle de plus de 98 décès sur 1,000.

MORTALITÉ SELON LA NATIONALITÉ.

Jusqu'ici nous avons donné la mortalité de la population européenne prise en masse. On comprend que cette mortalité générale doit être notablement influencée par l'origine des divers éléments de la population. Nous avons montré que la moitié de la population européenne se compose d'étrangers, et compte plus de 41,000 Espagnols et près de 15,000 Italiens et Maltais. Voici comment les tableaux officiels résument la mortalité, de 1847 à 1851, pour les Français et pour les étrangers:

	Décès sur 1,000 habitants.	
Années.	Étrangers.	Français.
1847.	48,4	50,8
1848.	41,8	41,7
1849.	84,3	401,5
1850.	43,4	70,5
1851.	39,3	64,5

Ainsi, d'une part, la mortalité des Français excède d'une manière notable celle de la population européenne étrangère ; d'autre part, en 1850 et 1851, la mortalité des premiers s'élève à un chiffre trois fois plus considérable que la mortalité normale de la France.

POPULATION JUIVE.

Les tableaux officiels résument ainsi la mortalité de la population juive pendant les années 1844, 1845, 1847, 1848 et 1849.

1844.	21,6 décès sur 1,000 habitants.
1845.	36,1
1847.	31,5
1848.	23,4
1849.	56,9

Non seulement cette mortalité est de beaucoup inférieure à celle de la population européenne, mais elle est en même temps fort au-dessous de celle de la population musulmane (1).

(1) On voit combien se trompent ceux qui affirment l'acclimatement du Français en s'appuyant sur l'acclimatement du juif. Non seulement ce dernier n'est point agriculteur, mais il est par-dessus tout de race différente. L'enquête faite, en 1843, par le gouvernement prussien, sur les ravages de la *plique*, dans la province de Posen, a démontré que cette maladie atteint 29 individus sur 1,000 de race slave; 18 sur 1,000 de race

RAPPORT DES DÉCÈS AUX NAISSANCES.

Voici quel a été, de 1833 à 1851, le nombre des décès et des naissances dans la population européenne de l'Algérie :

Années.	Popul. au 31 déc.	Naissances.	Décès.
1833.	7,812	214	221
1834.	9,750	344	389
1835.	11,221	369	606
1836.	14,561	437	738
1837.	16,770	590	909
1838.	20,078	721	757
1839.	23,023	880	1,312
1840.	26,987	1,101	1,457
1841.	35,727	1,236	1,637
1842.	44,531	1,467	2,358
1843.	59,186	2,012	2,604
1844.	75,420	2,709	3,357
1845.	95,321	2,903	4,113
1846.	109,400	2,943	4,350
1847.	103,893	4,283	5,163
1848.	115,101	4,347	4,835
1849.	112,607	5,206	10,493
1850.	125,748	5,166	7,437
1851.	131,283	5,612	6,828

Le tableau suivant résume, pour chacune des trois provinces, les naissances et les décès de 1830 à 1851 (1) :

germanique, et seulement 11 sur 1,000 de race judaïque. Partout où le juif a été étudié avec soin, il a été reconnu qu'il avait sa pathologie à lui, ses immunités à lui. Nulle part le juif ne naît, ne vit, ne meurt comme les autres hommes au milieu desquels il habite. C'est là un point d'anthropologie comparée que nous avons mis hors de contestation dans plusieurs publications. Voyez : *Études de pathologie comparée des races ; Études statistiques sur les lois de la population ; Statistique de la population de l'Europe* (*Annales d'hygiène*, t. XLII, p. 38, t. XLIV, p. 5, t. XLVIII, p. 251).

(1) D'après le dernier volume des *Tableaux des établissements français dans l'Algérie*, le nombre total des naissances, depuis 1830 jusqu'à la fin de 1851, aurait été de 44,900 ; celui des décès de 62,768.

Années.	Province d'Alger.		Province d'Oran.		Pr. de Constantine.	
	Naissances.	Décès.	Naissances.	Décès.	Naissances.	Décès.
1830	5	2	»	»	»	»
1831	52	113	1	4	»	»
1832	136	291	21	20	8	»
1833	231	204	30	56	24	78
1834	193	184	59	86	65	115
1835	263	490	80	50	74	156
1836	320	450	94	97	76	147
1837	459	687	101	108	90	225
1838	515	461	166	143	129	259
1839	665	1,171	479	162	181	550
1840	666	857	226	264	242	569
1841	950	1,043	244	336	296	339
1842	779	1,759	344	558	352	410
1843	1,528	1,901	481	415	364	445
1844	1,720	2,505	612	512	489	477
1845	1,983	3,128	637	581	513	520
1846	2,391	4,017	860	951	610	927
1847	2,521	3,089	1,018	1,219	744	968
1848	2,281	2,537	1,320	1,376	743	945
1849	2,684	3,910	1,627	3,562	900	3,017
1850	2,645	5,690	1,716	2,120	816	1,528
1851	2,622	2,489	1,939	3,283	1,051	1,056
Totaux.	23,411	34,979	11,755	13,692	7,734	12,097

Ainsi, dans chacune des années examinées, à peu près sans exception, et dans chaque province, les décès excèdent les naissances, d'où l'on peut conclure que l'accroissement de la population européenne tient exclusivement à l'arrivée de nouveaux immigrants, et que, sans le secours de cet élément, la population européenne, dans les conditions actuelles, serait menacée de disparaître.

Après avoir comparé les naissances aux décès dans chacune des trois provinces, il nous reste à examiner les localités prises en particulier. Dans les trois tableaux suivants, nous allons passer en revue 144 localités, dont :

> 60 appartiennent à la province d'Alger.
> 56 à la province d'Oran.
> 28 à la province de Constantine.

Ces tableaux donnent pour chaque localité en particulier : 1° les naissances et les décès constatés pendant les trois dernières années sur lesquelles l'administration de la guerre possède des renseignements ; 2° les naissances et les décès totalisés pour la période de 1830 à 1851.

LOCALITÉS.	NAISSANCES.				DÉCÈS.			
	1849.	1850.	1851.	TOTAL de 1830 à 1851.	1849.	1850.	1851.	TOTAL du 1830 à 1851.
PROVINCE D'ALGER.								
Territoire civil.								
Alger et ses faubourgs	1,341	1,501	1,223	13,267	1,622	1,983	1,190	20,204
Mustapha et l'Agha	158	158	120	1,467	471	223	101	2,117
Boufarik	51	48	51	441	53	57	59	1,080
Birkadem et Saoula	31	16	25	253	20	12	13	347
Bouzaréah	13	24	26	160	13	8	9	81
Dély-Ibrahim et l'Achour	13	13	13	279	14	33	21	577
Hussein-Dey	42	43	35	334	19	39	23	529
Kouba	28	20	24	301	20	11	20	313
Pointe-Pescade	12	11	8	121	9	5	7	81
El-Biar	43	38	35	401	25	43	18	274
Birmandreïs	16	40	22	131	10	5	4	84
Draria et Kadous	17	15	14	169	15	9	15	139
Douéra	49	43	44	518	100	68	69	1,119
Cherchell	63	89	70	508	356	91	83	883
Koléah	40	24	40	263	55	22	40	474
Blidah	244	276	222	1,604	592	215	156	2,324
Miliana	60	73	64	422	100	74	49	595
Médéah	77	74	86	441	70	67	55	548
Orléansville	36	60	28	242	127	170	74	820
Ténès	71	83	81	502	124	194	70	683
Béni-Méred	18	20	18	119	12	7	13	98
Montpensier	3	3	4	25	4	4	3	53
Joinville	4	3	4	55	40	5	3	74
Docaouda	5	6	5	51	5	3	6	61
Fouka	12	12	10	72	5	13	5	58
Sainte-Amélie	5	4	9	51	4	2	2	42
Saint-Ferdinand	2	5	8	51	4	1	3	52
Mahelba	13	4	9	80	2	4	2	40
Baba-Hassen	5	9	9	47	6	5	1	39
Ouled-Fayet	5	7	7	51	6	6	1	70
Chéragas et Aïn-Bénian	11	10	19	92	7	5	9	86
Fondouk	4	7	9	43	6	5	5	203
Crescia	12	9	10	64	6	4	1	58
Dalmatie	3	5	11	51	6	4	7	46
Souma	8	12	6	46	9	6	1	43
Zéradla	2	2	5	9	1	6	6	25
Mouzalaville	8	45	18	45	18	10	14	51
La Chiffa	»	4	9	14	5	7	5	21
L'Arba	»	17	20	43	6	20	20	46
Sidi-Ferruch	»	»	»	»	3	4	1	56
Le Fort-de-l'Eau	»	»	6	6	»	»	»	92
Territoire militaire.								
Teniet-el-Hâad	3	4	6	42	»	5	6	46
Dellys	18	19	15	113	6	10	9	73
Aumale	18	28	33	116	58	60	105	260
Mouzaïa-les-Mines	11	6	9	33	13	8	5	34
Boghar	3	5	4	17	6	4	1	11
Miliana (banlieue)	»	»	2	2	»	»	3	5
Colonies agricoles.								
Affreville	4	4	»	6	3	4	»	5
Affroun	17	18	9	44	51	52	28	97
Castiglione et Tefeschoun	19	20	17	56	27	12	7	47
Lodi	8	17	14	59	14	6	5	25
Damiette	15	10	20	45	6	4	11	21
Marengo	30	10	22	62	166	57	33	240
Zurich	15	6	7	28	103	14	12	129
Novi	11	5	10	26	49	10	5	64
Montenotte	13	13	17	43	18	14	8	42
Pontéba	8	9	11	28	21	9	9	39
La Ferme	3	3	1	7	5	3	1	7
Bou-Roumi	»	»	3	3	»	»	8	8
Ameur-el-Aïn	»	»	»	»	»	»	57	57
TOTAL	2,684	2,643	2,622	23,411	3,910	3,690	2,489	34,978

LOCALITÉS.	NAISSANCES.				DÉCÈS.			
	1849.	1830.	1831.	TOTAL de 1830 à 1831.	1849.	1830.	1831.	TOTAL de 1830 à 1831.
PROVINCE D'ORAN. *Territoire civil.*								
Oran	683	756	920	7,040	1,821	1,002	1,173	8,600
Arzew	62	53	54	309	142	49	172	592
Mers-el-Kébir	43	67	69	384	91	47	77	493
Mostaganem	230	207	269	1,363	386	262	586	1,621
Mascara	87	69	83	498	404	70	276	695
La Senia	18	13	24	100	20	14	24	112
Sidi-Chami	12	10	13	57	42	9	13	113
Misserghin	42	54	6	180	75	34	7	263
Mazagran	14	13	9	49	40	13	16	54
Valmy	6	8	11	28	12	8	10	58
Arcole	4	4	5	16	5	4	1	10
Aïn-el-Turck	»	»	7	7	»	»	1	1
Bou-Sefer	»	»	2	2	»	»	»	»
Saint-André	»	10	5	15	»	10	3	15
Territoire militaire.								
Nemours	25	18	18	122	48	12	6	76
Lalla-Maghrnia	»	»	2	5	3	3	1	21
Saint-Denis-du-Sig	56	23	47	165	156	83	117	356
Tiaret	3	4	4	21	12	11	4	33
Saïda	»	4	1	8	4	1	3	10
Aïn-Témouchen	»	3	2	10	1	5	29	46
Daya	»	1	2	3	1	»	»	8
Sidi-bel-Abbès	65	41	51	175	59	48	157	281
Bel-Assel	»	»	»	»	1	»	»	3
Slidia	42	15	11	71	14	15	21	67
Vallée des Jardins	11	8	3	34	7	8	1	19
Poul-du-Chétif	2	»	»	5	5	»	»	6
Sebdou	»	2	»	5	1	2	»	6
Oran	5	»	»	5	43	»	»	15
Saint-Hippolyte	»	3	1	4	»	1	1	2
Yaclef	»	»	1	1	»	»	»	»
Oued-el-Aman	»	»	1	1	»	»	5	2
Sainte-Barbe	»	3	2	5	»	5	5	8
Klesteb	»	»	2	2	»	1	»	1
Sainte-Léonie	»	13	12	23	»	13	17	50
Armin-Moussa	»	1	»	1	1	»	»	1
Colonies agricoles.								
Fleurus	14	15	10	40	87	8	21	121
Saint-Cloud	58	43	43	149	76	36	139	260
Saint-Louis	13	10	11	36	93	75	23	192
Aïn-Tidelès	18	17	16	52	29	12	21	67
Sourk-el-Mitou	12	4	1	21	16	10	7	34
Rivoli	21	9	»	50	36	7	1	44
Aïn-Nouissi	8	9	1	19	13	9	3	25
Saint-Leu	6	3	4	13	96	6	11	113
Aboukir	7	11	14	52	30	9	33	72
Toussin	8	6	8	22	14	1	7	22
Karouba	4	3	»	7	6	2	1	9
Assi-ben-Okba	»	6	7	13	»	4	16	20
Assi-ben-Nil	»	5	7	12	»	2	3	5
Mangin	»	3	9	12	»	32	21	53
Assi-Ameur	»	5	8	13	»	1	55	56
Assi-bee-Ferruch	»	3	7	10	»	14	50	64
Melessour	»	4	6	10	»	4	40	44
Damesme	»	5	7	12	»	3	29	32
Kleber	»	9	9	18	»	27	31	58
Bled-Touarid	»	»	»	»	»	»	1	1
Village-d'Arzew	»	13	5	18	»	8	13	21
TOTAL	1,627	1,740	1,939	11,733	3,562	2,120	3,283	15,692

LOCALITÉS.	NAISSANCES.				DÉCÈS.			
	1849.	1850.	1851.	TOTAL de 1830 à 1851.	1849.	1850.	1851.	TOTAL de 1850 à 1851.
PROVINCE DE CONSTANTINE.								
Territoire civil.								
Bône	504	241	311	3,275	539	383	299	4,318
Bougie	28	37	38	318	24	23	27	252
Constantine	92	141	178	1,000	122	149	170	1,091
La Calle	13	24	24	157	20	15	15	175
Philippeville	232	214	225	2,004	657	243	223	3,306
Guelma	45	53	63	267	217	133	59	806
Sétif	16	»	»	125	23	8	»	125
Territoire militaire.								
Djidjelli	10	15	9	101	4	9	9	58
El-Arrouch	13	7	11	82	284	34	25	343
Batna	13	15	37	101	67	112	56	262
Saint-Charles	»	»	»	»	8	1	3	13
Biskara	1	2	2	7	11	16	4	35
Condé (Smendou)	1	3	2	8	6	»	»	6
Penthièvre	»	»	»	»	13	2	1	16
Territ. milit. de Bône	»	2	6	8	»	4	7	11
Idem de Constantine	»	4	2	5	»	4	4	2
Idem de Sétif	»	4	6	10	»	3	4	7
Colonies agricoles.								
Gastonville	11	8	19	41	116	48	27	191
Jemmapes	14	12	18	44	124	22	24	171
Mondovi (le haut)	13	5	16	34	53	25	15	93
Mondovi (le bas)	17	»	»	17	101	»	»	101
Millesimo n° 1	17	4	20	41	90	20	20	130
Millesimo n° 2	10	»	»	10	249	»	»	249
Héliopolis	9	1	15	23	252	8	15	275
Robertville	8	9	12	29	37	24	20	81
Lambèse	»	»	1	1	»	»	1	1
Barral	»	3	9	12	»	19	9	28
Petit	»	5	22	27	»	27	22	49
TOTAL	900	806	1,051	7,734	3,017	1,328	1,036	12,097

On voit que nos réflexions, concernant l'excédant des décès sur les naissances, s'appliquent non seulement à l'Algérie, considérée dans son ensemble et à chacune des trois provinces, mais encore à la presque totalité des 144 localités sur lesquelles on possède aujourd'hui des renseignements. Cet excédant serait plus général et plus prononcé encore, s'il était tenu compte des Européens malades qui viennent mourir en Europe.

POPULATION MUSULMANE DES VILLES.

Dans la population musulmane des villes, les naissances et les décès constatés en 1850 et en 1851 ont présenté les nombres suivants :

	Année 1850.		*Année 1851.*	
	Naissances.	Décès.	Naissances.	Décès.
Alger.	791	1,530	664	1,403
Oran.	1,319	1,276	656	3,256
Constantine. . . .	773	1,386	1,119	1,379
Total (1).	1,128	1,492	2,439	5,738

L'excédant considérable des décès sur les naissances explique la diminution de la population musulmane des villes. Mais cette diminution est-elle l'effet de la misère, de la démoralisation? Se rattache-t-elle à la cessation des unions des femmes indigènes avec les soldats turcs, ou bien enfin se relie-t-elle à cette loi mystérieuse en vertu de laquelle certaines races inférieures semblent destinées à disparaître au contact des races supérieures? Ce sont là autant de questions sur lesquelles nous nous bornons à appeler l'attention, dans l'impossibilité où nous place le défaut de renseignements d'en tenter la solution (2).

(1) Nous lisons, page 114 du dernier volume des *Tableaux des établissements français* : « Les naissances de la population maure donnent, en 1850, 1,45 décès, et en 1851, 2,17 décès pour une naissance. » Bien que ces déductions ne s'accordent pas complétement avec les chiffres du tableau qui précède, elles n'en confirment pas moins un fait grave, celui de l'excédant des décès sur les naissances, même dans la population musulmane des villes. Il est surprenant qu'un fait social d'une telle importance n'ait pas été l'objet d'investigations spéciales de la part de l'administration de l'Algérie.

(2) « Sans violer les lois de la morale, dit le docteur Bodichon (*Revue d'Orient*, n° de juillet 1841, p. 40), nous pourrons combattre nos ennemis africains par la poudre et le fer joints à la famine, les divisions intestines, la guerre, par l'eau-de-vie, la corruption et la désorganisation...

POPULATION JUIVE.

Le tableau suivant résume les naissances et les décès de la population juive pendant la période de 1844 à 1851 :

	Naissances.	Décès.
1844.	731	385
1845 (1).	787	593
1847.	725	599
1848.	661	49
1849.	712	1,083
1850.	1,128	937
1851.	1,320	1,936

Contrairement à ce qui a lieu pour les autres éléments de la population, nous voyons ici un excédant prononcé des naissances sur les décès. Deux années seulement font exception : d'abord 1849, année du choléra, puis 1851, où le nombre des décès diffère tellement de celui des années ordinaires, que l'on se demande si c'est le typographe ou la mort qui s'est trompée.

Quoi qu'il en soit, la population juive est la seule qui ne subisse pas de diminution ; et l'on peut dire que si les choses devaient continuer à suivre la marche qu'elles ont affectée jusqu'ici, le temps n'est peut-être pas éloigné où, sans le secours des immigrations, les villes de l'Algérie seraient exclusivement peuplées de juifs.

ARMÉE.

Le tableau suivant résume, pour la période de 1831 à 1851, l'effectif de l'armée, les entrées et les décès des hôpitaux de

» Sans verser le sang, nous pourrons, chaque année, les décimer en nous » attaquant à leurs moyens d'alimentation, en coupant les figuiers et les » cactus sur tous les points de l'Algérie. » On voit par les données numériques indiquées plus haut qu'il n'est peut-être pas besoin de recourir aux moyens proposés par M. Bodichon pour atteindre le but qu'il paraît désirer.

(1) Les *Tableaux des établissements français* ne fournissent pas de documents pour 1846.

l'Algérie, enfin le chiffre des hommes tués dans les combats.
Ce dernier document ne comprend que la période de 1831 à
1848 (1) :

Années.	Effectif.	Entrées aux hôpitaux de l'Algérie.	Morts dans les hôpitaux de l'Algérie.	Morts dans les combats.
1831. . . .	17,190	13,524	4,005	55
1832. . . .	21,544	32,085	4,998	48
1833. . . .	26,684	27,934	2,512	64
1834. . . .	29,858	31,410	4,991	24
1835. . . .	29,485	34,094	2,335	310
1836. . . .	29,897	33,836	2,439	606
1837. . . .	40,147	51,436	4,502	424
1838. . . .	48,167	39,097	2,413	450
1839. . . .	50,367	53,494	3,600	463
1840. . . .	61,264	86,404	9,567	227
1841. . . .	72,000	88,383	7,802	349
1842. . . .	70,853	90,524	5,588	225
1843. . . .	75,034	77,306	4,809	84
1844. . . .	82,037	84,872	4,664	467
1845. . . .	95,000	89,349	4,664	604
1846. . . .	99,700	121,138	6,862	446
1847. . . .	87,704	108,290	4,137	77
1848. . . .	75,017	106,112	4,406	43
1849. . . .	70,774	105,469	9,745	
1850. . . .	71,496	79,543	4,098	
1851. . . .	65,598	76,448	3,193	

Trois enseignements ressortent de ce tableau, savoir : 1° la
forte proportion des entrées aux hôpitaux ; 2° l'élévation du
chiffre des décès ; 3° le petit nombre des individus qui péris-

(1) Les chiffres de l'effectif, des entrées aux hôpitaux de l'Algérie et des
décès dans ces mêmes hôpitaux sont extraits des *Tableaux officiels des
établissements français ;* les chiffres de l'année 1846 sont le résultat de
communications faites par le gouvernement à la commission des crédits
de la chambre des députés, pendant la session de 1847. Les chiffres des
pertes dans les combats ont été communiqués à diverses commissions des
chambres législatives ; ceux des années 1845, 1847 et 1848 ont été four-
nis par le ministère de la guerre. Nous n'avons pu nous procurer le chiffre
de ces pertes pour les trois dernières années.

sent dans les combats. Ainsi, il résulte de divers documents que les pertes de cette dernière catégorie n'ont pas dépassé :

140 hommes par an pendant les dix premières années (1).
227   —   en 1840 (2).
349   —   en 1841.
225   —   en 1842.
84   —   en 1843 (2).
167   —   en 1844 (3).
100   —   à la prise de Constantine (4).
9   —   à l'affaire de la Smala (5).
27   —   à la bataille d'Isly (6).

De 1837 à 1846, voici quel a été, sur 1,000 hommes, le chiffre annuel des décès :

Années.	Décès sur 1,000 h.	Années.	Décès sur 1,000 h.
1837.	101,0	1842.	79,0
1838.	45,1	1843.	74,9
1839.	64,3	1844.	54,0
1840.	140,6	1845.	50,0
1841.	108,0	1846.	62,5

La moyenne des six années est donc de 77,8 décès sur 1,000 hommes (7).

(1) Communication à la commission des crédits de 1840.
(2) Communication à la commission des crédits de 1844.
(3) Communication à la commission des crédits de 1845.
(4) Dépêche du 7 octobre 1837.
(5) Bulletin du 20 mai 1843.
(6) Bulletin du 17 avril 1844.
(7) Cette moyenne est fort au-dessous de la réalité. En voici la preuve. D'après un document communiqué aux chambres législatives, on a compté en 1846, sur un effectif moyen de 99,700 hommes :

Admissions aux hôpitaux d'Afrique.	121,138
Journées de traitement en Afrique. .	2,497,181
Évacués sur la France.	2,089
Morts dans les hôpitaux d'Afrique. .	6,862
Tués sur le champ de bataille. . .	116
Morts dans les hôpitaux de France. .	246
Admis à la retraite..	130
Réformés..	267

Or, en laissant de côté les hommes tués dans les combats et ceux qui

Le gouvernement n'ayant pas publié la proportion des décès postérieurement à cette époque, nous allons comparer cette moyenne avec les pertes : 1° de la population civile mâle en Europe ; 2° de l'armée française de l'intérieur ; 3° de l'armée française aux colonies.

Population civile. — Il résulte des recherches de Demonferrand qu'en France, de 6,245 individus mâles âgés de 20 ans, 5,597 atteignent leur trentième année. Le nombre des morts est donc de 648, soit de 10,3 sur 1,000 (1).

Armée française dans l'intérieur. — De 1842 à 1848, le nombre des décès de l'armée française, sur 1,000 hommes servant dans l'intérieur, a été :

Années.	Décès sur 1,000 hab.
En 1842.	de 24,6
1843.	20,4
1844.	15,6
1845.	14,8
1846.	17,6
1847.	19,2
1848.	21,3
Total.	133,4
Moyenne annuelle. . . .	19,5

Armée française aux colonies. — Le tableau suivant résume, de 1848 à 1851, la mortalité des garnisons françaises dans cinq de nos colonies placées dans les attributions du ministère de la marine. Nous empruntons ce document à un tra-

ont été retraités ou réformés pour maladies graves, on trouve un total de 7,108 décès dans les hôpitaux d'Afrique et de France. Or, ce chiffre conduit à une proportion de 71,2 décès sur 1,000 hommes, au lieu de celle de 62,5 que nous avons admise ; d'où il est permis d'inférer que pendant la période de 1837 à 1846, la mortalité annuelle moyenne de l'armée d'Afrique a dépassé 80 décès sur 1,000.

(1) En Angleterre, la proportion des décès sur 1,000 individus du sexe masculin, de 1838 à 1841 inclusivement, a été, d'après les comptes rendus annuels du *Registrar general :*

De 9,91, de 20 à 30 ans ;
De 11,30, de 30 à 40 ans.

vail inséré dans le numéro de juin 1853 (p. 478) de la *Revue coloniale*, recueil semi-officiel publié sous la surveillance du ministère de la marine (1).

		1848.	1849.	1850.	1851.	Total.
MARTINIQUE.	Effectif moyen	2,779	2,475	2,330	2,209	9,793
	Décès	181	155	85	79	500
	Proportion pour 1,000.	65.13	62.63	56.48	55.76	61.03
GUADELOUPE,	Effectif moyen	2,634	2,645	2,315	2,208	9,802
	Décès	75	79	52	45	251
	Proportion pour 1,000.	28.47	29.86	22.46	20.38	25.60
BOURBON.	Effectif moyen	1,768	1,830	1.597	1,453	6,648
	Décès	40	46	60	47	193
	Proportion pour 1,000.	22.62	25.13	37.57	32.34	29.03
GUYANE FRANÇAISE.	Effectif moyen	723	759	711	600	2,793
	Décès	13	11	49	75	148
	Proportion pour 1,000.	17.96	14.49	68.91	125.00	52.98
SÉNÉGAL.	Effectif moyen	933	895	849	882	3,577
	Décès	62	61	27	31	181
	Proportion pour 1,000.	63.05	68.30	31.80	35.11	50.60
TOTAUX.	Effectif moyen.	8,857	8,602	7,802	7,352	32,613
	Décès.	371	352	273	277	1,273
	Proportion pour 1,000.	41.88	40.92	34.89	37.67	39.53

Il résulte de l'ensemble de ces documents :

1° Qu'en 1849, l'armée d'Afrique a perdu au delà du huitième de son effectif ;

2° Que les pertes de l'armée d'Afrique, de 1837 à 1846, ont été :

1° Aux pertes de l'armée servant en France, comme 77,8 à 19,5 ; soit comme 4 à 1 ;

2° Aux pertes de la population civile mâle, âgée de 20 à 30 ans, en France, comme 77,8 à 10,3.

(1) Ces chiffres sont extraits des *Comptes rendus officiels sur le recrutement de l'armée*, ainsi que de divers rapports parlementaires concernant l'appel de 80,000 hommes. Les nombres relatifs aux années 1847 et 1848 sont empruntés à un rapport fait le 23 novembre 1849 à l'assemblée nationale par le général Oudinot.

RÉCAPITULATION DES FAITS STATISTIQUES LES PLUS IMPORTANTS DE CE MÉMOIRE.

Population européenne de l'Algérie au 31 décembre 1851. . . . . 131,283 habitants.

Émigration irlandaise de 1851. . . . . . 231,323 individus.

Population française de l'Algérie au 31 décembre 1851 . . . . 66,050 individus (1).

Population européenne étrangère de l'Algérie au 31 décembre 1851 . . . . 65,223 individus.

Population nègre des villes de l'Algérie au 31 décembre 1849 . . . . 4,177 habitants.

Population nègre des villes de l'Algérie au 31 décembre 1851 . . . . 3,488 habitants.

Population juive des villes de l'Algérie au 31 décembre 1849. . . . . . . 19,028 habitants.

Population juive des villes de l'Algérie au 31 décembre 1851. . . . . . . 21,048 habitants.

Proportion annuelle des naissances en France sur 1,000 habitants, de 1843 à 1850. 27.4 naissances.

Proportion des naissances en Algérie en 1851, sur 1,000 habitants français. . 45.7 naissances.

Naissances légitimes en France pour 1 naissance illégitime, de 1847 à 1850. 12.965 naiss. légit.

Naissances légitimes en Algérie, en 1851, pour 1 naissance illégitime dans la population française . . . . 4.2 naiss. légit.

Naissances pour 1 mort-né, en France, environ . . . . 30 naissances.

Naissances pour 1 mort-né dans la population européenne d'Alger et de sa banlieue, de 1830 à 1851 . . . . 26.5 naissances.

Naissances européennes en Algérie, en 1849. 5,206 naissances.

Décès d'Européens en Algérie, en 1849. 10,493 décès.

Naissances européennes en Algérie, en 1851. 5,612 naissances.

Décès d'Européens en Algérie, en 1851. 6,828 décès.

Naissances, en 1851 dans la population musulmane . . . . 2,439 naissances.

Décès en 1851 dans la population musulmane. . . . . 5,738 décès.

(1) Ce chiffre comprend les employés civils.

Naissances en 1850 dans la population juive	987 naissances.
Décès en 1850 dans la population juive.	1,128 décès.
Décès annuels sur 1,000 habitants en France, de 1847 à 1850.	24.6 décès.
Décès annuels sur 1,000 Français civils en Algérie, en 1850.	70.5 décès.
Décès annuels sur 1,000 Français civils en Algérie, en 1851.	64.5 décès.
Décès annuels sur 1,000 habitants en France, en 1849, année du choléra. .	27.7 décès.
Décès annuels sur 1,000 Européens en Algérie, en 1849.	105.9 décès.
Décès annuels sur 1,000 Européens à Cherchell, en 1849.	323 décès.
Décès annuels dans les hôpitaux de l'Algérie, sur 1,000 hommes appartenant à l'armée d'Afrique, de 1837 à 1846. .	77.8 décès.
Décès annuels sur 1,000 hommes de l'armée, dans l'intérieur, de 1842 à 1848.	19.5 décès.
Décès annuels sur 1,000 individus mâles de 20 à 30 ans, de la population civile en France	10.3 décès.

CONCLUSIONS.

1° Au 31 décembre 1851, l'Algérie comptait 2,561,003 habitants ainsi répartis :

Français.	66,050
Européens, étrangers.	65,233
Musulmans. . . .	84,329
Nègres	3,488
Juifs.	21,048
Tribus indigènes . .	2,323,855

à résidence fixe dans les villes (Musulmans, Nègres, Juifs).

2° Sous le rapport des sexes, la population adulte se décomposait de la manière suivante :

	Européens.	Musulmans.	Nègres.	Juifs.
Hommes.	53,351	28,506	4,485	6,474
Femmes.	30,047	22,340	4,284	5,534

Ainsi, dans les quatre éléments de la population, se présente une supériorité numérique en faveur des hommes.

3· On compte en France 78 mariages sur 10,000 habitants ; on en compte en Algérie, dans la population européenne :

110 en 1850 ;
106 en 1851.

4· On compte en France 29 naissances sur 1,000 habitants ; dans la population française de l'Algérie, ce rapport est de :

47.2 en 1850 ;
45.7 en 1851.

5° En France, on compte 1 naissance illégitime sur 13 naissances ; en Algérie, ce rapport est, en 1851 :

De 1 sur 4,2 dans la population française ;
De 1 sur 7,1 dans la population européenne étrangère.

6° La mortalité de la population européenne, qui, en 1842, 1843 et 1844, ne s'élevait pas au chiffre annuel de 45 décès sur 1,000 habitants, a dépassé en 1850 et 1851 la proportion de 50 décès ; elle s'est élevée en 1849 au delà de 105 ; elle a atteint le chiffre de 150 décès dans la province de Constantine ; elle a dépassé à Cherchell le chiffre de 323 décès sur 1,000 habitants.

7° Dans les colonies agricoles, la mortalité annuelle de la population européenne, en 1850 et 1851, a dépassé 98 décès sur 1,000 habitants ; en d'autres termes, la population a été décimée.

8° La mortalité de la population française de l'Algérie a été à celle de la population européenne étrangère :

En 1850, comme 70 à 43 ;
En 1851, comme 64 à 39.

9° La mortalité de la population européenne a été à celle de la population juive :

En 1844, comme 44 à 21 ;
En 1845, comme 45 à 36 ;
En 1847, comme 50 à 31 ;
En 1848, comme 42 à 23 ;
En 1849, comme 105 à 56.

10° De 1833 à 1851, les décès de la population européenne ont constamment excédé les naissances ; en 1849 en particulier, on a compté 5,206 naissances contre 10,493 décès.

11° Dans la population musulmane des villes on a compté :

En 1850, 1,128 naissances contre 4,192 décès ;
En 1851, 2,439 naissances contre 5,738 décès.

12° La population juive, au contraire, présente dans les années ordinaires un excédant notable de naissances sur les décès ; aussi s'est-elle élevée de 19,028 habitants, qu'elle comptait au 31 décembre 1849, à 21,048 au 31 décembre 1851.

13° Dans l'estimation de la mortalité de la population européenne, il y a à considérer : 1° que cette population ne compte qu'une faible proportion de vieillards ; 2° que la mortalité réelle est considérablement atténuée par les rentrées en Europe pour cause de santé, rentrées suivies tantôt de rétablissement plus ou moins complet, tantôt du décès des individus.

14° De 1837 à 1846, la mortalité de l'armée *dans les hôpitaux de l'Algérie* s'est élevée, année moyenne, à plus de 77 décès sur 1,000 hommes ; en 1849, elle a dépassé 100 décès sur 1,000.

15° La mortalité de l'armée dans les hôpitaux de l'Algérie, de 1837 à 1846, est à la mortalité :

De la population civile mâle âgée de 20 à 30 ans, en France. . . . . comme 77 à 10 ;
De l'armée servant en France . . . . comme 77 à 49 ;
De l'armée servant dans les autres colonies françaises. . . . . comme 77 à 39.

NOTES ET ADDITIONS.

A. Les NOTICES STATISTIQUES sur les colonies françaises, publiées par le ministère de la marine, établissent que, de 1836 à 1844, la mortalité de la population libre a été :

Martinique.	.	.	29.6 décès sur 1,000 habitants.
Guadeloupe.	.	.	32 6 —
Guyane.	.	.	35 2 —
Bourbon.	.	.	32.5 —

B. D'après divers documents publiés par le gouvernement anglais, voici, pour la période de 1825 à 1844 inclusivement, l'effectif des troupes anglaises et leur mortalité dans chacune des présidences de l'Inde :

	Effectif.	Décès sur 1,000 h.	Décès sur 1,000 h. par choléra seulement.
Présidence de Bombay.	50,987	50.78	5.65
Présidence du Bengale.	88,380	73.8	11.5
Présidence de Madras.	101,210	38.46	4.27
Total. .	240,577	54.0	7.24

En déduisant de la mortalité générale les décès causés par le choléra, on a les résultats suivants :

	Décès sur 1,000 h.
Bombay.	45.13
Bengale.	62.3
Madras.	34.19
Total. .	46.85

Le tableau suivant résume la mortalité de ces mêmes troupes, année par année, de 1845 à 1849 :

	Décès sur 1,000 hommes.		
	Bombay.	Bengale.	Madras.
1845.	83	62.1	39.1
1846.	93.2	50.4	36.1
1847.	30.1	44.9	30.8
1848.	25.1	52.5	16.4
1849.	46	71.3	22.4

A Aden, situé à l'entrée de la mer Rouge, la mortalité de la garnison anglaise, en 1848, n'a été que de 24.6 décès sur 1,000 hommes ; mais il ne faut pas perdre de vue que, depuis.

plusieurs années, le gouvernement anglais a adopté un système de roulement (*rotation system*) en vertu duquel aucun corps de troupes ne séjourne au delà de trois années dans la même région coloniale.

C. Pour donner une idée de la différence de résistance des troupes indigènes dans l'Inde, nous donnons dans le tableau ci-après la mortalité comparée des troupes des deux races, en 1848, dans les diverses places qui constituent la division militaire de Bombay (1) :

	Décès sur 1 000 hommes.	
	Européens.	Indigènes.
Bombay	55.3	6.4
Aden	24.6	
Kirkee.	12.1	
Pounah.	18.7	7.6
Ahmednagger. . . .	16.9	6.6
Shalapore.	20.2	2.1
Kolapour.	30.3	6.9
Belgaum	16.4	7.4
Disa	28.0	6.3
Kurrachi.	30 3	22.0
Bhooj.		7.8
Peshawar et Moultan. .	13 9	13.6
Mortalité moyenne en 1848. . .	22.6	9.3
Cette mortalité avait été en 1847 de	27.8	10.6

D. Pour donner une idée des avantages retirés, par le gouvernement anglais, de la renonciation aux illusions d'un prétendu acclimatement dans les pays chauds, nous résumons, dans le tableau ci-après, les pertes de l'armée anglaise avant et après l'adoption du système de roulement dont nous avons parlé plus haut.

(1) Voyez *Mortality and sickness of the Bombay Army*, 1848-1849, by lieut.-colonel W. H. Sykes (*Journ. de la Soc. de statist. de Londres*, t. XV, p. 100).

	EFFECTIF en 1841 et 1843	DÉCÈS en 1844 et 1843	DÉCÈS ANNUELS sur 1,000 hommes.		HOMMES sauvés annuellement après la renovriation à l'hypothèse de l'acclimatation.
			Après le renouvellement fréquent des hommes.	Avant le renouvellement fréquent des hommes.	
Gibraltar.	3,371	82	42,3	22	9,8 sur 1000
Malte.	1,838	67	18	48,7	0,7 —
Iles Ioniennes	2,557	68	15,4	28,3	14,9 —
Bermudes	1,336	51	11,6	52,1	20,5 —
Cap de Bonne-Espérance.	3,918	77	12,7	15,5	2,8 —
Sainte-Hélène	454	8	8,8	53	24,2 —
Maurice	1,748	78	22,3	50,1	7,8 —
Jamaïque	1,267	75	59,7	128,6	98,9 —
Antilles	2,877	358	59,1	82,5	25 4 —
Ceylan	1,382	115	44,2	73	30,8 —

On voit qu'il y a eu diminution de la mortalité, non seulement dans les localités à fièvres paludéennes, c'est-à-dire dans celles dans lesquelles l'insalubrité du sol vient se joindre à l'influence du climat, mais encore dans celles des possessions britanniques dans lesquelles l'absence de fièvres paludéennes dénote l'influence exclusive du climat. Parmi ces possessions nous nous bornerons à citer Malte et le cap de Bonne-Espérance.

A ces faits, qui portent avec eux leur signification, nous ajouterons un renseignement qui nous a été donné de vive voix ces jours derniers par M. Smith, directeur général du service de santé de l'armée anglaise. Il y a quelques années, la mortalité annuelle des médecins, sur la côte occidentale de l'Afrique, était de SOIXANTE-DIX-HUIT DÉCÈS SUR CENT, et telle était l'intensité du mal, que l'administration de la guerre ne trouvait plus de candidats pour les emplois vacants. M. Smith proposa de réduire à *une année* le séjour des médecins dans ces contrées meurtrières, et la mortalité fut immédiatement abaissée à 25 sur 100.

E. On sait combien l'altitude exerce une influence prononcée sur la météorologie des localités. A ce titre, nous résumons ici l'élévation au-dessus du niveau de la mer de quinze localités de l'Algérie :

Tenez. . . .	45 mètres.	Milianah. . .	800 mètres.
Boofarik. . .	47	Aumale. . .	830
Oran. . . .	50	Sétif. . . .	920
Coléah . . .	190	Médéah. . .	920
Douéra. . .	210	Boghar. . .	1,070
Blidah . . .	250	Teniel el Had .	1,150
Guelma. . .	280	Tiaret	1,300
Constantine. .	650		

En ce qui concerne les températures moyenne, estivale et hibernale de diverses localités de l'Algérie, nous renvoyons à notre carte physique et météorologique du globe terrestre (1).

(1) *Carte physique et météorologique du globe terrestre, comprenant la distribution géographique de la température, des vents, des pluies, des neiges et des orages*, deuxième édition. Paris, 1853, une feuille grand colombier.